Koosje
en de
zieke zeehond

Andere boeken van Vrouwke Klapwijk over Koosje:

Koosje
Koosje op de fiets met oma Booma
Koosje bouwt een vlot
Koosje en het pad met de rode paaltjes
Koosje en de verdwenen viool
Koosje mist de mail

Vrouwke Klapwijk

Koosje
en de
zieke zeehond

met illustraties van
Magda van Tilburg

Callenbach

Met dank aan Ecomare, Texel en Salko de Wolf.
Wil je meer weten over Ecomare en het adopteren van
zeehonden, kijk dan op www.ecomare.nl

Tweede druk, 2007

© Uitgeverij Callenbach – Kampen, 2006
Postbus 5018, 8260 GA Kampen
www.kok.nl

Omslagillustratie Magda van Tilburg
Omslagontwerp Hendriks.net
Illustraties binnenwerk Magda van Tilburg
Layout/dtp Gerard de Groot
ISBN 978 90 266 1371 5
NUR 282
Leeftijd 7-9 jaar
Avi 5/6

Inhoud

1. Onderweg naar de boot

'Is het nog ver?'
Koosje kijkt uit het raam van de auto. Ze rijden
op de snelweg in de richting van Den Helder.
'Nog een halfuurtje. Dan zijn we bij de boot,'
antwoordt papa. 'En dan duurt het nog een
halfuur voordat we op Texel zijn.'
'En jij wilt graag naar Frankrijk,' zegt mama. Ze
draait zich lachend om naar de achterbank. 'We
zijn pas twee uur onderweg. Een reis naar
Frankrijk duurt wel tien keer zo lang.'
Koosje haalt haar schouders op.
'Volgens Vincent gaat de tijd heel snel. Hij heeft
allemaal spelletjes bij zich. En een cd-speler en
een heleboel snoep. Dat mag hij zelf uitzoeken.'
'Tjonge,' zegt papa. 'Die Vincent boft. Had jij
maar zo'n vader en moeder. Jij moet mee naar
dat rare Texel. Wat heb je daar nou aan?
Frankrijk is veel stoerder.'
Koosje fronst haar voorhoofd. Meent papa wat
hij zegt? Ze probeert in het spiegeltje te kijken
dat boven papa's hoofd hangt. Zo kan ze zijn
gezicht zien. Nee, papa kijkt ernstig. Dan meent
hij het toch... Of niet?

Koosje leunt tegen de rugleuning van de achterbank van de auto. Ze denkt aan een paar maanden geleden. Toen papa op een dag zei dat hij graag op vakantie naar Texel wilde. Mama vond het gelijk heel leuk.

'Daar ben ik jaren geleden een keer geweest,' vertelde ze. 'Samen met een stel vriendinnen. We hebben toen ontzettend veel lol gehad. Het is een heel mooi eiland.'

'Gaan we niet naar onze ouwe camping?' had ze geschrokken gevraagd. Ze gingen ieder jaar naar dezelfde camping in Drenthe. Daar kwamen Willemijn en Edwin en Peter ook. Zou ze die dan niet zien?

'Ik wil wel eens ergens anders naartoe,' had papa gezegd. 'Het lijkt me heerlijk om langs het strand te lopen. Om in zee te vissen en te jutten.'

'Jutten? Wat is dat?' had ze gevraagd.

'Dan zoek je op het strand naar aangespoelde voorwerpen,' vertelde papa. 'Dat zijn dingen die schepen verliezen. Of soms expres overboord worden gegooid. Een tijd geleden heeft een vrachtschip containers met schoenen verloren. Het strand lag bezaaid met schoenen in alle kleuren en maten. Ineens gingen heel veel mensen naar het strand om die schoenen mee te nemen. De mensen gingen met tassen vol naar huis.'

Zij vond het een raar verhaal. Wat moet je met al die schoenen? Het jutten zelf lijkt haar wel leuk. Papa en mama hebben toen op internet gezocht naar een caravan. Het liefst op een kleine camping bij een boerderij. Uiteindelijk hebben ze er één gevonden. Dicht bij het strand en het bos stond erbij.
'De Zingende Zeemeeuw' heet de camping. Ze vindt het een gekke naam. Dan is 'De Boshut' in Drenthe veel leuker.

Koosje kijkt weer naar buiten.
'Ik vind het hier wel kaal,' zegt ze. 'Je ziet alleen maar boerderijen en heel veel windmolens. Is het op Texel ook zo?'
'Nee, op Texel is ook bos,' zegt papa lachend. 'En het is hier niet kaal, het is hier mooi open. Dat klinkt heel anders. Die windmolens geven trouwens energie. Schone energie. Dat is goed voor de natuur.'
Koosje knikt. Nu weet ze het wel weer. Papa vindt het leuk om onderweg over allerlei dingen te vertellen. Maar zij wil liever kijken. Alleen maar kijken. Al valt hier niet zo heel veel te zien...

2. Op de veerboot

'Oei!' zegt papa.
'Wat is er?' vraagt Koosje. Ze buigt naar voren en kijkt nieuwsgierig tussen de stoelen door.
'Kijk eens, wat een rijen auto's! Die moeten allemaal met de boot mee. Dat wordt wachten,' zegt papa met een zucht.
Zo ver als Koosje kan kijken staan auto's. Achter aan de rijen lopen mannen met oranje hesjes aan. Ze wijzen de bestuurders waar ze moeten aansluiten.
'Daarheen,' zegt mama. Ze stoot papa even aan.
'Ja, stil maar,' zegt papa een beetje ongeduldig.
'Ik ga al.'
Papa rijdt de auto achter een grote caravan en zet de motor af. Koosje kijkt om zich heen. Het lijkt hier wel een heel grote parkeerplaats.
'Maak je niet druk,' zegt mama opgewekt. 'We hebben vakantie. Heb je zin in een kop koffie? En wil jij wat fris, Koosje?'
'Straks,' zegt Koosje.
Mama heeft een grote thermoskan koffie bij zich. En pakjes met sap voor haar.
'Mag ik eruit?'

10

'Niet alleen,' zegt mama. 'Dat vind ik te gevaarlijk. Misschien wil papa wel even met je mee.'

'Kijk Koos, daar ligt Texel.'
Papa en Koosje staan op een dijk. Voor zich ziet Koosje een breed water. Aan de andere kant van het water schitteren het strand en de duinen in de zon.
'Texel is een eiland zonder brug,' vertelt papa. 'Iedereen die ernaartoe wil, moet met de boot. Gelukkig duurt de overtocht maar twintig minuten. Je bent er eigenlijk zo. Maar in de vakanties moet je met de auto vaak lang wachten.'
Koosje draait zich om. In de haven achter de dijk ligt een veerboot. De boot is net aangekomen. Een lange rij auto's rijdt snel de boot af.
'Zullen we daar even heen lopen?' vraagt ze, terwijl ze naar de veerboot wijst. Dat lijkt haar eigenlijk veel leuker.
'Goed,' zegt papa. Hij kijkt op zijn horloge. 'Voorlopig staan we hier nog wel een poosje.'

Eindelijk mogen ze de boot oprijden. *Dokter Wagenmaker* staat er met grote letters op de zijkant van de boot. De vrachtwagens gaan op het onderste dek. De gewone auto's mogen op het bovenste dek. Papa rijdt de auto zo dicht mogelijk achter de auto die voor hen staat.

'Gaan we nu wel uit de auto?' vraagt Koosje.

'Natuurlijk,' zegt mama. 'Als je hier blijft zitten, kun je niets zien.'

Koosje doet de autodeur open. Het geluid van de auto's die de boot oprijden klinkt hol. Maar boven dat geluid uit hoor je ook iets anders. Het is het brommende draaien van de motor van de veerboot. Koosje trekt haar neus op.

'Het stinkt hier,' zegt ze.

'Dat komt doordat er zoveel auto's in een kleine ruimte staan,' zegt papa. 'Dan kunnen de uitlaatgassen nergens heen.'

'Hierlangs,' zegt mama. Ze wijst naar een smalle ijzeren trap aan de zijkant van de boot. 'Op het dek ruik je het niet meer. Daar ruik je de zee.'

Koosje stommelt naar boven.

Daar staan allemaal banken . Er is ook een grote balie waar je koffie en limonade kunt kopen.

'Nog verder?' vraagt Koosje, terwijl ze zich omdraait. Mama knikt.

'Boven is nog een dek. Daar kun je heel ver kijken. Volg dát bord maar.'

Mama wijst naar een bordje met een pijl in de vorm van een trap.

'Hè, nu heb ik echt een vakantiegevoel,' zegt papa. 'Heerlijk, ik heb er zin in.'
Hij spreidt zijn armen wijduit. Alsof hij in één keer de hele blauwe lucht in zijn armen wil sluiten.
'Hoe zou de caravan eruitzien?' vraagt mama.
'Op internet leek hij wel aardig.'
'Komt allemaal goed,' zegt papa, terwijl hij zijn arm om mama heen slaat. 'We maken er een gezellige, maar vooral rustige vakantie van. Wat jij, Koosje?'
Koosje hangt over de reling. Ze staat met haar voeten op de onderste rand.
'Val je er niet af?' waarschuwt mama.
'Nee,' zegt Koosje. Ze weet best dat ze zich goed moet vasthouden.
'Hé, we varen,' roept ze ineens. Langzaam beweegt de veerboot de haven uit. Koosjes rode krullen waaien voor haar gezicht. Ze strijkt ze met haar hand naar achteren.
Grote witte vogels zweven langs de boot. Vlak bij Koosjes hoofd. Het lijkt wel of ze hun vleugels niet gebruiken.
'Waarom vliegen die vogels met ons mee?'
'Dat zijn meeuwen. Ze wachten op brood.'
'Ik wil ze ook wat geven.'
'Ik heb alleen bolletjes. Er zit kaas op,' zegt mama.

'Dat geeft niet. Ik eet de kaas er eerst wel af.'
'Snoeperd.' Mama lacht. 'Vooruit dan maar.'
Koosje breekt een stuk brood van haar bolletje
af. Ze gooit het in de lucht en meteen duiken er
vijf meeuwen op het stukje af. Eén van de
meeuwen is het snelst. Hij vangt het brood met
zijn snavel op.
'Hier, nog meer,' roept Koosje. Eén voor één
gooit ze de stukjes brood naar de meeuwen.
'Dit is het laatste,' zegt ze, terwijl ze haar arm ver
buiten de reling steekt.
'Au!'
Koosje schrikt. Een brutale meeuw pikt het
stukje brood uit haar hand.
'Over een paar minuten leggen we aan in de
haven van Texel,' klinkt het opeens uit een
luidspreker boven hun hoofd. 'Wij verzoeken u
naar uw auto te gaan. Wij wensen u een prettige
vakantie.'
'Dank je wel,' zegt papa tegen de onzichtbare
stem. 'Dat zal best lukken! Kom mee!'

3. De Zingende Zeemeeuw

'Aan deze weg moet het zijn. Kijken jullie mee?
Het is nummer zestien.'
Mama heeft een zonnebril opgezet. Ze houdt het
blad waar de route op staat in haar handen.
Koosje kijkt om zich heen. Ze rijden in de
richting van de duinen. Langs beide kanten van
de weg groeien struiken. Je kunt er niet overheen
kijken. Het is net of je door een gang rijdt. Een
gang die van boven open is. Af en toe is er een
opening naar een pad van een huis of een
boerderij.
'Dat is nummer zes,' zegt Koosje. Ze wijst naar
een kleine boerderij. 'Ik zag het op een paal
staan.' Even later rijden ze langs nummer acht en
nummer tien. Nummer twaalf en nummer
veertien staan dicht bij elkaar.
'Dan moet de volgende zestien zijn,' zegt mama.
Maar er is geen volgende. De duinen komen
steeds dichterbij. Koosje ziet wel een grote groep
bomen. Zou de camping daar liggen? Papa rijdt
langzaam verder.
'Ja, hier is het,' juicht Koosje. 'Kijk maar, ik zie
een bord.'

Half verscholen tussen de struiken staat een
bord.
'Boerderijcamping De Zingende Zeemeeuw,'
leest papa.
'Er staat ook een pijl bij,' roept Koosje
opgewonden. 'U moet die kant op.'
Papa volgt de richting die de pijl wijst. Hij draait
voorzichtig een smal pad naast een grote
boerderij op. Uit een deur aan de zijkant van de
boerderij komt een mevrouw. Papa parkeert de
auto en stapt uit. Hij loopt naar de mevrouw toe.
'Pap! Doe eens open. Ik wil er ook uit.'
Koosje bonst op het raam van de auto.
'Sorry,' zegt papa. 'Kom maar gauw.'
De mevrouw staat lachend naast de auto.
'Welkom op de Zingende Zeemeeuw,' zegt ze
vriendelijk. Ze geeft papa, mama en Koosje een
hand. 'Ik ben Hilde. Hebben jullie zin in koffie?'
'Nou, nou,' zegt papa verbaasd. 'Zo ben ik nog
nooit ontvangen op een camping. Een kop koffie
lijkt me heerlijk. Wat jij, Koosje?'
Maar Koosje heeft opeens geen aandacht meer
voor papa. Uit de openstaande deur komt een
hond aangelopen.
'Wauw, wat een mooi beest!' zegt Koosje zacht.
De hond loopt naar Koosje toe en blijft rustig
voor haar staan.

'Je kunt hem best aaien,' zegt Hilde. 'Hij doet niets.'

Koosje legt haar hand op zijn rug. Ze aait de lange zwarte haren van de hond. Hij voelt zacht en warm.

'Het is een Berner Sennen,' vertelt Hilde. 'Hij is vrij groot, maar heel lief voor kinderen. En hij heeft hier de ruimte. Hij vindt het heerlijk om op het strand te rennen. Gaan jullie mee naar binnen?'

Hilde draait zich om en loopt de boerderij in. Even later zitten ze rond een grote tafel in de keuken. Koosje heeft een glas fris gekregen. Hilde geeft een schaal met koek door.

'Dit is peperkoek. Dat wordt alleen op Texel gebakken. Proef maar, het is heel lekker.'

Koosje kijkt naar de schaal. De koek ziet er niet zo bijzonder uit. Zou het echt lekker zijn?

'Mam! Waar is Kibo? Hij moet mee naar het strand.'

De deur van de keuken slaat open. Er stormt een meisje naar binnen. Ze draagt een overall en laarzen. Een elastiekje probeert haar blonde haren bij elkaar te houden.

'Hoi Marka. Dit zijn Koosje en haar vader en moeder. Ze blijven hier twee weken.'

'Hoi...' klinkt het. Dan draait het meisje zich om naar Koosje.

'Wauw! Wat ben jij rood!' zegt ze verbaasd.

Koosje kleurt. Waarom moet iedereen altijd iets over haar haar zeggen?

'Mooi rood is niet lelijk,' zegt ze kortaf.

Marka lacht.

'Dat is waar. Ze zeggen ook altijd wat over mijn sproeten. Zeg, heb je zin om mee te gaan naar het strand? Ik heb wat gevonden. Dat kan ik niet alleen hierheen krijgen. Kibo moet mij helpen. Maar met jou erbij gaat het waarschijnlijk nog beter.'

Koosje kijkt haar vader en moeder aan.

'Mag het?' vraagt ze hoopvol. Papa knikt.

'Goed,' zegt mama. 'Moet je nog laarzen aan?'

Maar Koosje is al weg. Samen met Marka en Kibo.

4. Jutten

Marka loopt met Koosje een pad op. Het pad gaat omhoog door de duinen.
'We hebben een eigen stukje strand. Daar komen meestal alleen de mensen die aan deze weg wonen.'
Marka loopt snel. Koosje kan haar bijna niet bijhouden. Marka heeft een lang touw bij zich. Dat hangt om haar nek.
'Wat heb je eigenlijk gevonden?' vraagt Koosje hijgend.
'Een ton,' zegt Marka. 'Hij is van hout. Daarom is hij zo zwaar. Ik vind ook wel eens een plastic ton. Zo'n ton is veel lichter. Die sleep ik zelf wel over de duinen.'
Koosje denkt na. Zou dit nou jutten zijn? Maar veel tijd om hierover na te denken heeft ze niet.
Opeens ziet ze de zee. Zo ver als ze kijken kan. Beneden haar rollen de witte golven het strand op.
'Kom!'
Marka roept. Ze rent het duin af. Kibo holt en springt met haar mee. Zijn haren wapperen in de wind.
Koosje kijkt omlaag. Er loopt een smal paadje naar beneden. Marka springt zo over het

duinzand omlaag. Zal zij dat ook proberen?'
'Kom nou!'
Marka wenkt. Ze is al op het strand. Koosje
denkt niet langer na en stapt op het zand.
Huppend en springend gaat ze het duin af. Ze
voelt dat haar schoenen vol zand komen. Nu
snapt ze waarom Marka laarzen aanheeft.
'Dat duurde lang,' zegt Marka. 'Vlug! Voordat
iemand anders de ton meeneemt. We moeten die
kant op.'
Marka wijst naar rechts. En weg is ze alweer.
Samen met Kibo holt ze langs de waterkant.
Koosje rent achter Marka aan. Maar met
schoenen vol zand gaat dat niet zo makkelijk. Ze
ploft op het strand neer en trekt haar schoenen
en sokken uit.
'Zo, dat gaat beter,' zegt ze voldaan. Koosje
springt overeind en rent verder.
In de verte ziet ze Marka opeens de zee inlopen.
Een eindje bij haar vandaan drijft iets bruins.
Dat moet de ton zijn. Ook Kibo loopt het water
in. Het lijkt wel of hij naar de ton toe zwemt.
'Wacht!' roept Koosje.
Eindelijk is ze bij Marka en Kibo. Ze gooit haar
sokken en schoenen in het zand. Voorzichtig
loopt ze naar het water. Haar voeten zakken in
het waterige zand. Brrr! Het is koud.

21

'Zwem Kibo! Zwem naar de ton,' hoort Koosje
Marka roepen. 'Duw hem naar het strand.'
Koosje kijkt naar Kibo. De hond is nu dicht bij de
ton. Hij kan hem met zijn neus al aanraken.
'Nee suffie, niet terug naar zee,' roept Marka.
'Deze kant op!'
Koosje kijkt vol bewondering naar Kibo. Wat een
slimme hond. Zou Bijke van oma Booma dat ook
kunnen? Bijke houdt wel van water. Maar zou hij
de zee ook in durven?
Marka loopt door het water naar Koosje.
'Wat goed dat we Kibo bij ons hebben,' zegt ze
opgelucht. 'De ton was alweer de zee in gedreven.
Zonder Kibo had ik hem niet meer kunnen pakken.'

'Wat ga je met die ton doen?' vraagt Koosje
nieuwsgierig.
'Ik heb thuis een schuurtje. Daarin bewaar ik alle
spullen die ik op het strand vind. Ik heb heel veel
blikken. En borden met teksten erop. Maar ook
boeien en een reddingsvest. Er spoelt zo vaak iets
aan.'
'Ga je dan elke dag naar het strand?'
Marka knikt.
'Als we straks thuis zijn, moet je komen kijken.
Maar nu wil ik eerst die ton over de duinen
krijgen. Daar heb je Kibo al.'

Marka klopt de hond op zijn rug.
'Braaf beest,' zegt ze liefkozend. 'Je bent super!'
Kibo blaft en schudt zijn vacht uit. De spetters
vliegen alle kanten op.
'Dat bedoel ik niet met braaf,' roept Marka
lachend. 'Zo kan het wel weer.'
Marka pakt het touw. De ton drijft nu vlakbij in
het ondiepe water. In de ton zit een gat. Daar
steekt ze het touw door. Met een stevige knoop
bindt ze het touw vast.
'Trekken,' zegt ze.
Koosje pakt een stuk van het touw. Even later
glijdt de ton door het zachte zand. In de richting
van de duinen en de boerderij.

5. Het stormt

'Tik, tik, tik...'
Koosje draait zich om in haar bed. Wat is dat
voor geluid? Langzaam doet ze haar ogen open.
'Tik, tikketik, tik.'
Het geluid houdt niet op. Koosje tilt haar hoofd
op. Ze luistert nog eens. O nee, het regent. Haar
hoofd zakt terug in haar kussen.
Papa heeft toch gelijk gekregen. Toen ze gisteren met
Marka van het strand kwam, zag de lucht al donker.
'Het weer verandert,' had papa gezegd. 'Het gaat
regenen en hard waaien. Ik ben benieuwd.'
Koosje draait zich nog eens om. Als het regent, is
haar bed zo heerlijk!

Het is elf uur. Papa, mama en Koosje zitten aan
tafel. Mama heeft broodjes in de oven gebakken.
Koosje vindt ze warm het lekkerst. Met veel
boter en nog meer suiker.
De regen tikt nog steeds op het dak. Papa rekt
zich uit. Zijn benen steken aan de andere kant
onder de tafel vandaan.
'Ik ben lui,' zegt hij met een grote gaap.
'Dat zie ik,' zegt mama.

'Ik weet wat,' zegt Koosje. 'Zullen we naar het strand gaan?'

'Het strand?'

Papa kijkt alsof hij een vies woord hoort. Koosje knikt.

'Marka zegt dat je bij storm moet gaan jutten. Dat wilt u toch zo graag? Er spoelt dan altijd van alles aan.'

Papa loopt naar het grote raam in de caravan.

'Het ziet er wel erg donker uit,' zegt hij, terwijl hij zijn neus in rimpels trekt.

'We hebben toch jassen,' sputtert Koosje tegen.

'En laarzen. En een paraplu.'

'Die paraplu kun je wel vergeten,' zegt mama.

'Voordat wij op het strand zijn is de paraplu allang verdwenen. Heb je wel gezien hoe hard het waait?'

'Dan nemen we geen paraplu mee. Wat geeft het als we een beetje nat worden?'

Koosje loopt ook naar het raam. Ze tuurt omhoog.

'Kijk pap, daar is blauwe lucht.'

'Dat is wel een piepklein stukje,' zegt papa.

'Maar goed, jij je zin. We gaan!'

Een halfuur later lopen ze op het strand. De golven slaan met veel kracht in de branding uit elkaar. Gele schuimvlokken blijven op het zand achter.

'Lekker, hè,' zegt Koosje tegen papa. Haar rode krullen waaien onder haar capuchon vandaan.

'Het is helemaal niet koud.'

'Mmm, wat je lekker noemt. Ik ben blij dat ik een sjaal om heb,' zegt papa.

Koosje lacht. Ze trekt haar vader aan de mouw van zijn jas mee.

'Stel je niet aan, pap. Kom, we gaan jutten.'

Koosje rent vooruit. Een paar meter verderop drijft een stuk touw in zee. Het zit flink in de knoop. Er slingeren groene slierten zeewier doorheen.

'Ik pak hem,' roept ze, terwijl ze de zee in loopt. Het water klotst om haar laarzen.

'Pas op dat je niet nat wordt,' roept mama haar na.

'Geeft niet,' roept Koosje terug. Ze loopt verder. Het touw drijft met de golven steeds weer in de richting van de zee. Maar opeens komt er een grote golf aan. Koosje doet gauw een paar stappen achteruit. Op de kop van de golf spoelt het touw haar kant op.

'Hebbes!'

Koosje houdt het touw in de lucht. Ze loopt snel terug naar het strand. Papa bekijkt het touw.

'Zou je dat wel meenemen? Het is oud en op sommige stukken erg dun. En het zit helemaal in de war. Daar heb je niets aan. Misschien vinden we straks wat beters.'

Koosje schudt haar hoofd.

'Nee, ik heb het echt gevonden. Ik haal het straks bij de caravan wel uit de knoop.'

Koosje slingert het touw op haar rug. Een poosje later vindt ze nog een plastic fles en een kleine boei.

'Moet dat allemaal mee?' vraagt mama.

'Ja,' zegt Koosje. 'Ik wil het aan Marka laten zien. Kijk, daar ligt nog wat. Dat wil ik ook.'

Koosje wijst in de verte. Op de rand van de zee en het strand ligt een donker hoopje. Ze kan niet goed zien wat het is.

'Goed,' zegt papa. 'Maar dan gaan we weer terug.'

6. Wat ligt daar?

Ineens staat Koosje stil.
'Wat is er?' vraagt papa.
'Het beweegt,' zegt ze zacht. Ze wijst naar de bruine bobbel op het strand.
'Geen wonder,' zegt papa. 'Wat kan bij deze wind nu stil op het strand liggen?'
'Nee,' zegt Koosje. 'Het is anders. Het beweegt echt. Alsof het iets is...'
Koosje loopt wat sneller naar de bobbel toe.
'Pap! Het is een zeehond!'
Opgewonden knielt Koosje bij het beestje neer. Ze strekt voorzichtig haar hand naar hem uit. De zeehond steekt zijn snuit omhoog.
'Niet aankomen,' waarschuwt mama.
Koosje trekt haar hand langzaam terug.
'Waarom niet?'
'Misschien is hij ziek. Dan kun jij ook ziek worden.'
'Vast niet,' zegt Koosje. Ze schuift wat dichter naar de zeehond toe.
'Wat is er met jou aan de hand?' zegt ze zacht.
'Ben je je moeder kwijt? Wat doe je hier helemaal alleen op het strand?'

Dan kijkt Koosje haar vader en moeder vragend aan.

'Ik... ik... wat doen we met hem? Moeten we hem hier laten liggen? Dat kan toch niet.'

'Nee...' zegt papa een beetje aarzelend.

'Pak hem dan op, pap,' dringt Koosje aan.

'Wat oppakken? Wil je dat beest echt meenemen? Ik kan hem toch niet op mijn nek van het strand dragen? Misschien rust hij hier wel even uit. Je zult het zien. Straks hobbelt hij weer lekker naar de zee.'

Boos kijkt Koosje haar vader aan.

'Lekker naar zee hobbelen? Volgens mij niet. Stel je voor dat... dat u met een gebroken been langs de weg lag. Dan zou u het ook fijn vinden als iemand helpt.'

De stem van Koosje klinkt steeds bozer.

'Dat is onzin!' zegt papa. 'Een mens is anders dan een zeehond.'

'Wat doen jullie raar!' zegt mama opeens. 'Jullie maken toch geen ruzie om een zeehond?'

Mama knielt bij het beestje neer. Ze bekijkt hem van alle kanten. 'Hij is inderdaad wel een beetje mager,' stelt ze vast.

'Zie je wel!'

Koosje kijkt haar vader triomfantelijk aan.

'Ophouden, Koos,' zegt mama streng. 'Wat zullen we doen?'

'112 bellen!'

'Nee, dat kan niet,' zegt mama. 'Volgens mij is dat alleen voor belangrijke dingen. Zoals bij ongelukken en brand.'

'Wat geeft dat nou? Dit is toch ook belangrijk?' zegt Koosje. 'Toe, pap. Pak uw mobiel nou.'

Papa kijkt Koosje aan. Dan verdwijnt zijn hand in de binnenzak van zijn jas.

'Ik weet het niet. Eigenlijk moeten we de zeehondenopvang bellen. Die zitten in Pieterburen, maar ook op Texel. In geloof dat het hier Ecomare heet. Daar heb ik geen nummer van.'

'Dat weten ze wel bij 112,' dringt Koosje aan. 'Toe, bel nou. Straks gaat ie dood.'

'Wacht,' zegt mama opeens. 'Ik weet het. Als je een nummer zoekt moet je 0900-1313 bellen. Dat heb ik pas ook een keer gedaan. Toen was ik in de stad. Ik moest iemand bellen van wie ik geen telefoonnummer had. Doe dát dan!'

'Echt?' vraagt papa aarzelend.

Mama knikt.

'Echt waar!'

Papa zucht. 'Oké, jullie je zin.'

Papa drukt de toetsen in. Na een paar tellen

heeft hij al iemand aan de lijn.

'Ja, goedemiddag. Ik wil graag het nummer van Ecomare op Texel.'

Het blijft even stil.

'Dat kan ik niet onthouden. Ik heb geen papier bij me. Ik loop op het strand. We hebben een jong zeehondje gevonden.'

'...'

'Echt? Kan dat ook? Als u dat wilt doen, graag!'

Papa haalt het mobieltje bij zijn oor vandaan.

'Ik word doorverbonden met Ecomare,' zegt hij.

'Doorverbonden?' vraagt Koosje.

'De techniek staat voor niets,' zegt papa lachend.

'Daar heb je ze al! ... Ja, we hebben een jong zeehondje gevonden. Hij ligt hier op het strand. Wat moeten we ermee doen?'

'...'

'Of het blijft liggen als we erheen lopen? Ja, we staan een paar passen bij hem vandaan. We kunnen hem bijna aanraken. Hij ligt hier rustig.'

'...'

'Wat zegt u? Dan is het niet best? O, ik dacht...'

'...'

'Waar we zijn? Wij lopen hier op het strand in de buurt van...'

Papa kijkt om zich heen.

'Weet jij bij welke overgang we het strand op zijn

gegaan?' vraagt hij aan mama.

Mama trekt even nadenkend haar wenkbrauwen op.

'Ik weet het,' roept Koosje. 'Bij Den Hoorn.'

'U hoort het. Bij Den Hoorn. Toen zijn we naar rechts gegaan en hebben we ongeveer een halfuur gelopen. Daar staan we nu.'

'...'

'Ze komen,' zegt papa. 'Over een kwartiertje zijn ze hier.'

7. Hulp

Koosje zit op het strand naast de zeehond. Het
diertje ligt heel stil. Af en toe steekt het zijn kopje
omhoog. Dan kijkt het Koosje met zijn grote
ogen hulpeloos aan.
Er lopen nu meer mensen op het strand. Het
regent niet meer. Maar het waait nog wel erg
hard. Bijna iedereen stopt even.
'Wat een liefie,' hoort Koosje een mevrouw
zeggen. 'Moet je die oogies zien. Ik zou hem zo
wel mee willen nemen naar huis.'
Een lange meneer gaat ertegenin.
'Dat zou ik niet doen. Wat heb je aan zo'n beest?
Ze vreten je helemaal arm. Er is hier in de buurt
toch zo'n huis voor zeehonden? Kan hij daar niet
heen?'
'Ze komen hem zo halen,' zegt papa.
'Goed zo,' bromt de man. Hij loopt met grote
stappen verder.
Opeens hoort Koosje het geluid van een auto.
Over het strand komt een busje aangereden. Met
een grote draai in het zand stopt hij vlak bij
Koosje. Er stappen twee mannen uit.
'Goedemiddag,' zegt een van de mannen. 'Ik ben

Salko de Wolf. Wie heeft deze grote vriend
gevonden?'
Papa wijst naar Koosje.
'Onze dochter Koosje. Zij heeft hem het eerst
gezien.'
Salko knielt naast Koosje neer. Hij klopt haar op
haar schouder.
'Prima gedaan, hoor! Aha, ik zie het al. Het is een
huilertje.'
Koosje kijkt Salko vragend aan.
'Een huilertje...?'
Salko knikt.
'Dat zijn jonge zeehonden die hun moeder niet
meer kunnen vinden. Ze maken een geluid dat
op huilen lijkt. Dat doen ze, omdat ze honger
hebben.'
Salko onderzoekt de zeehond. Hij draait hem
voorzichtig om.
'Kijk,' zegt hij. 'Hij heeft een wond bij zijn
flipper. Daardoor kan hij waarschijnlijk niet zo
snel meer zwemmen. Verder is hij erg mager. Ik
schat dat hij een week of vier oud is.'
'Hoe komt hij aan die wond?' vraagt Koosje. Ze
vindt het allemaal erg spannend.
'Ik weet het niet,' zegt Salko. 'Soms worden ze
gebeten door andere zeehonden. Of ze bezeren
zich aan zwerfvuil. Dat drijft overal in zee rond.'

Zwerfvuil? Koosje moet ineens aan het jutten denken.

'Je moest eens weten wat we allemaal vinden,' gaat Salko verder. 'Vooral veel plastic en ijzeren draden. Dat wordt vaak zo vanaf een schip overboord gekieperd. De dieren raken dan verstrikt in die draden. Een paar dagen geleden kregen we ook een zeehond binnen. Bij hem waren de draden helemaal in zijn nek gegroeid. Dit diertje had geluk dat hij op het strand aanspoelde. Dan worden ze wel door wandelaars gevonden. Het beestje dat jij gevonden hebt is alleen maar zijn moeder kwijt.'

Koosje ziet hoe Salko een kist pakt. Hij klikt de kist aan de bovenkant open. Aan de voorkant van de kist zit een schuif van gaas. Voorzichtig pakt Salko de zeehond op.

'Kom, vriend. We nemen je mee. We zullen van jou weer gauw een gezonde zeehond maken.'

Salko laat het zeehondje in de kist zakken. Hij klikt de klep dicht. Koosje buigt zich voorover. Ze kijkt door het gaas. Ze kan alleen nog de snuit van de zeehond zien.

'Mag ik nog wat vragen?' zegt papa opeens. 'Waarom vroeg u aan mij of het zeehondje bleef liggen?'

'Ja, dat is vaak het eerste wat we vragen. Een

36

gezonde zeehond blijft niet liggen als er mensen
aankomen. Hij hobbelt gelijk weer naar het water.
Een zieke zeehond blijft liggen. Die is te zwak om
naar het water terug te gaan. Dan weten wij dat we
moeten komen. Anders gaan we vaak voor niets.'
'Aha, nu snap ik het,' zegt papa. 'Sterkte met de
zieke.'
Salko loopt naar de auto terug. Koosje loopt
gelijk met hem mee. Salko schuift de kist in de
auto. Hij gaat achter het stuur zitten.
'Meneer...?'
Opeens doet Koosje een paar stappen naar voren.
'Meneer, mag ik mee?'

8. In Ecomare

Salko kijkt Koosje verwonderd aan.
'Mee?'
Koosje knikt.
'Als u de zeehond wegbrengt.'
'Ach, waarom niet,' zegt Salko lachend. 'Het is
vakantie. Stap maar in.'
Koosje kijkt naar papa en mama.
'Mag het?'
'Ja hoor,' zegt mama. 'Wij halen de auto. Je ziet
ons straks wel. Zul je voorzichtig zijn?'

Even later zit Koosje in het busje. Ze rijden over
het strand naar een overgang in de duinen.
'Is het ver?' vraagt Koosje.
'Nee hoor,' zegt Salko. 'Op Texel is niets ver.'
Binnen tien minuten zijn ze er. Salko draait de
inrit van Ecomare op. Hij rijdt naar de zijkant
van het gebouw. Voor twee grote deuren blijft hij
staan.
'Hier is het,' zegt hij. 'We zullen onze nieuwe
vriend eens lekker verwennen. Maar eerst moet
de dierenarts naar hem kijken.'
Salko tilt de kist met de zeehond uit de auto en

loopt naar binnen. Via een groot magazijn komen
ze in een lichte ruimte. Onder de ramen ziet
Koosje brede bakken. In sommige bakken zit een
klein laagje water. Het lijken wel ondiepe
zwembadjes. In een van de bakken ligt een
zeehond. Koosje loopt gelijk naar de bak toe.
'Is deze ook ziek?' vraagt ze nieuwsgierig.
'Ja,' antwoordt Salko. 'Koen is al een paar weken
bij ons. Maar hij wil niet eten. Daarom malen we
zijn voer. We gieten het door een trechter in zijn
bek. De meeste zeehonden mogen na een paar
dagen al naar buiten. Koen niet. We hopen dat hij
binnenkort zelf zijn visjes opeet. Dat is veel
beter.'
Salko wijst door het raam naar buiten.
'Daar liggen onze andere zieken.'
Koosje ziet drie bakken met water. In twee van
de bakken zwemt een zeehond.
'Een jonge zeehond moet eigenlijk melk drinken.
Melk van zijn moeder. Dat is heel vette melk. Het
lijkt wel slagroom. Daar groeit een zeehond het
snelst van. Later leren ze hoe ze garnaaltjes en
visjes moeten vangen. Zo leert een jonge
zeehond voor zichzelf te zorgen.'
Salko loopt naar een man en een vrouw die in het
magazijn staan. Hij praat even met ze. Dan
komen ze met z'n drieën terug.

'De dierenarts is gebeld. Hij hoopt hier snel te zijn. We zullen onze zeehond vast een eigen plekje geven. Heb je al een naam voor hem bedacht?'

Een naam? Koosje kijkt Salko verbaasd aan.

'Mag ik die verzinnen?'

'Ja. Wil je een bijzondere naam, zoals Eduard? Of ga je voor een gewone Hollandse naam?'

Koosje denkt even na.

'Nee,' zegt ze dan beslist. 'Ik noem hem Koos. Naar mijzelf.'

Even later wordt de kleine zeehond uit de kist getild. Dan laten ze hem langzaam in een leeg bad zakken. De zeehond beweegt bijna niet.

'Is hij erg ziek?' vraagt Koosje. 'Ik vind hem er zo zielig uitzien.'

'Ik denk dat hij alleen erge honger heeft. Over eten gesproken...'

Salko kijkt op zijn horloge.

'Het is bijna voedertijd voor de andere zeehonden. Ga je mee? De andere oppassers zullen verder voor Koos zorgen.'

Salko pakt een karretje waarin een paar emmers met vis staan. Buiten staan al veel mensen rond de bassins met de zeehonden.

Salko loopt naar een bassin. De zeehonden

steken hun koppen ver boven het water uit. Het
is net of ze weten dat het tijd is om te eten.
'Goedemiddag,' zegt Salko door een microfoon.
'In het bassin voor u ziet u een aantal van onze
grijze zeehonden...'
Koosje luistert naar het verhaal van Salko. Af en
toe moet ze lachen om de zeehonden. Vooral als
een van de zeehonden zijn kop in de emmer
steekt.
'Dit is de brutaalste,' vertelt Salko. 'Mevrouw is
altijd bang dat ze te weinig krijgt. Nietwaar?'
Opeens hoort Koosje haar naam roepen. Ze kijkt
om zich heen. Dat is de stem van papa. Zijn papa

en mama er ook al? Over de hoofden van de mensen heen ziet Koosje iemand zwaaien. Het is mama. Koosje zwaait terug. Ze is blij dat ze mama weer ziet.

Na het voeren van de zeehonden neemt Koosje afscheid van Salko.

'Je mag best nog een keer naar Koos komen kijken,' zegt Salko. 'Vraag bij de ingang maar naar mij. Dan kom ik je halen.'

Koosje kijkt blij. Ze zou elke dag wel even bij Koos langs willen gaan.

'En weet je,' gaat Salko verder. 'Als we Koos terugbrengen naar zee, mag jij mee. Zou je dat willen?'

Koosje spert haar ogen wijd open. Haar wangen worden rood. Mee naar zee?

'Tuur... tuur... tuurlijk,' stottert ze.

'Dat is dan geregeld,' zegt Salko. 'Lever je mailadres straks maar in bij de kassa. Dan hoor je van ons. Tot ziens!'

9. Vis voor de zeehonden

'Echt waar! Ik heb een zeehondje gevonden.'
Marka kijkt Koosje vol ongeloof aan.
'Een echte?'
Koosje knikt.
'Tuurlijk. Wat dacht je dan?'
Het is even stil.
'Wauw!' zegt Marka. 'Een echte!'
'En toen zijn we naar Ecomare gegaan,' gaat
Koosje verder. 'Ik mocht met de verzorger mee
naar binnen. Dat was heel leuk. Ik heb gezien hoe
de zeehonden worden verzorgd. Daarna heb ik
alles van Ecomare zelf gezien. Maar de
zeehonden vond ik het allerleukst.'
Koosje en Marka zitten op de tafel in het
schuurtje van Marka. Kibo ligt languit onder hun
benen. Mama heeft de spullen van het jutten
meegenomen. Ze liggen vergeten in een hoek.
Koosje vindt jutten opeens niet zo belangrijk
meer. Ze kan maar aan één ding denken.
'Kijk eens,' zegt Koosje. Ze geeft een blaadje aan
Marka. Er staat een kop van een zeehond op.
'Steun Ecomare,' leest Marka. Ze draait het
blaadje om.

'Ja, en?' vraagt ze.

'Ik heb een plan,' zegt Koosje zacht. 'Maar dan moet jij ook meedoen. Ik wil een zeehond adopteren.'

'Een zeehond adopteren? Wil je er één mee naar huis nemen? Dat mag niet, joh.'

'Nee, lees maar. Hier staat het. Voor vijfendertig euro zorg je ervoor dat een zeehond vijf dagen eten krijgt. Zo help je mee bij het verzorgen van de dieren. Dat noemen ze adopteren.'

'Oké, ik snap het. Maar hoe wil jij aan vijfendertig euro komen? Zoveel heb ik niet in mijn spaarpot.'

'Nee, ik ook niet. We gaan het geld verdienen,' legt Koosje uit. 'Hier op de camping.'

'Dank je wel,' sputtert Marka tegen. 'Zeker klusjes bij de mensen doen. De tent aanvegen of de afwas van twee dagen. Doei, dan zijn we uren bezig.'

'Toe nou. Doe niet zo flauw,' dringt Koosje aan. 'We kunnen toch wat anders verzinnen?'

'Wat dan?'

Koosje haalt haar schouders op.

'Lege flessen verzamelen of zo...'

'Nee, hoor. Daar heb ik geen zin in. Ik ga naar het speelveld. Ga je mee?'

Marka springt van de tafel.

Kibo rekt zich uit en komt langzaam overeind.
Koosje bijt op haar lip. Waarom wil Marka niet
meedoen? Ze heeft geen zin om het alleen te
doen.
'Nee, ik ga naar onze caravan. Wij gaan zo eten.'
Langzaam loopt Koosje terug naar de caravan.
Af en toe kijkt ze even achterom. Misschien dat
Marka zich toch nog bedenkt...

Na het eten loopt Koosje de camping op. Het is
een groot veld achter de boerderij. Aan beide
kanten staan caravans en tenten. Hun caravan
staat helemaal vooraan. Dicht bij de ingang.
Midden op het veld is een zandbak en er staan
een paar schommels.
Koosje gaat op een schommel zitten en zwaait
langzaam heen en weer. Waarom wil Marka nou
niet meedoen? Ze had zelf die zeehond moeten
zien. Dan zou ze wel anders denken.
'Hoi, Koosje,' hoort ze opeens. 'Wat zit jij hier sip
te kijken?'
Er duikt een jongen op de schommel naast haar.
Het is Jurgen. Gisteravond heeft ze hem voor het
eerst gezien. Toen was hij samen met zijn zusje
Anouk. Jurgen zit al in groep acht. Maar hij is
gewoon heel aardig.
'Niks,' zegt Koosje.

'Dat geloof je zelf niet,' antwoordt Jurgen. 'Vertel op!'

'Ik heb een zeehond gevonden,' vertelt Koosje. Haar gezicht klaart op nu ze aan het zeehondje denkt.

'Wat? Een zeehond?'

Jurgen is stomverbaasd.

'Waar?'

'Vanmorgen op het strand. We waren aan het wandelen. Hij lag vlak bij de zee. Toen hebben we Ecomare gebeld. Die hebben hem opgehaald en ik mocht mee.'

'Super!' zegt Jurgen. 'Ik wou dat ik erbij was geweest.'

'Ik wil zo graag geld verdienen voor de zeehonden,' zegt Koosje met een zucht. 'Ik heb vijfendertig euro nodig. Voor dat geld krijgt een zeehond vijf dagen eten.'

'Dan doe je dat toch,' zegt Jurgen. 'Wat houd je tegen?'

'Het is zo veel,' zegt Koosje.

'Dan doen we het samen,' stelt Jurgen voor.

'Ik weet zeker dat Marije en Pieter en mijn zusje Anouk ook mee willen doen. Kom op, dan gaan we het vragen.'

10. Overleg in de schuur

Jurgen rent naar hun tent. Zijn zusje Anouk ligt
languit in een stoel te lezen.
'An, we hebben je nodig,' roept Jurgen. Anouk
kijkt even op van haar boek.
'Waarvoor?'
'Dat zie je wel. Kom nou maar.'
De tent van Marije en Pieter staat helemaal
achteraan op het veld. Als Jurgen eraan komt,
lopen Marije en Pieter net naar buiten. Pieter
draagt een krat met afwas. Marije zwaait met het
flesje afwasmiddel en de teil. Ze is net zo oud als
Jurgen.
'Hé, Jurg. Zal ik je een beetje sop geven?' roept
Marije. Met de fles voor zich uit loopt ze naar
Jurgen.
'Nu niet,' zegt Jurgen. 'Koosje heeft een plan.
Doen jullie mee?'
'Wat voor plan?'
Marije kijkt vragend naar Koosje.
'Iets... iets met zeehonden.'
Koosje begint er bijna van te stotteren. Het is
ineens zo spannend. Stel je voor dat Pieter en
Marije ook mee willen doen.

'Schieten jullie wel op met die afwas?' zegt
Jurgen. 'Ik heb geen zin om uren te wachten.'
'Ja, baas,' zegt Marije. Ze maakt een buiging voor
Jurgen. Dan loopt ze snel met haar broer weg.

Ze zitten met elkaar in een schuur achter de
boerderij. Jurgen en zijn zusje Anouk. Pieter en
Marije. En Marka...
Ze wilde toch graag meedoen. En het is best
handig als Marka erbij is, had Jurgen gezegd.
Vooral als we spullen nodig hebben.
De kinderen van de camping komen vaak in de

schuur bij elkaar. Er staan wat oude banken.
Maar ook een voetbalspel en een tafel voor
tafeltennis. Aan het plafond hangen visnetten en
boeien.
'Vertel op,' begint Pieter. 'Wat wil jíj nou met
zeehonden doen? Kunstjes of zo?'
'Effe dimmen, Pieter,' waarschuwt Jurgen.
'Koosje heeft een goed plan voor de zeehonden.
Moet je het weer beter weten?'
'Sorry,' zegt Pieter. 'Zo bedoel ik het niet.'
Jurgen draait zich om naar Koosje.
'Vertel maar wat je vandaag hebt beleefd.'
Koosje haalt even diep adem. Dan vertelt ze
alles. Van het jutten. Van de zieke zeehond op het
strand. Van Ecomare en van het adopteren van
een zeehond.
'Ik wil zo graag geld bij elkaar halen. Daar
kunnen de oppassers vis voor de zeehonden van
kopen,' eindigt Koosje haar verhaal. 'Vis is duur
en er zijn heel veel zeehonden.'

'Wauw! Een echte zeehond? Lag die op het
strand?'
Pieter en Anouk kijken Koosje nieuwsgierig aan.
'Toppie! Een goed plan. Ik doe mee!' zegt
Marije.
Ze geeft Koosje een paar klappen op haar rug.

'Zo'n krielkip en dan al zulke goede ideeën. Hoe wil je dat geld verzamelen? Wat moeten wij doen?'

Het blijft even stil.

'Dat... dat weet ik nog niet,' zegt Koosje langzaam.

'Niet?' vraag Marije.

Koosje schudt haar hoofd.

'Daarvoor zijn jullie hier. Snap dat dan,' zegt Jurgen. 'Wij gaan Koosje helpen. We moeten iets bedenken waar de hele camping aan mee kan doen. Dan halen we het meeste geld op.'

'Goed baas,' zegt Marije lachend.

Ze tuurt met haar ogen naar het plafond.

'Ja, ik heb het,' zegt ze een paar tellen later.

'Een sponsorloop. Iedereen rent zo veel mogelijk rondjes om de boerderij. Voor elk rondje vraag je geld aan je vader of moeder.'

'Mmm...'

Jurgen trekt zijn neus op.

'Een beetje afgezaagd. Dat doen we op school al zo vaak. Daar kunnen alleen maar kinderen aan meedoen. Nee, iets voor iedereen.'

Het is weer even stil.

'Flessen verzamelen voor het statiegeld,' stelt Pieter voor.

'Veel te makkelijk,' zegt Marije. Ze kijkt haar

50

broertje hoofdschuddend aan. 'Volgens mij ben jij liever lui dan moe.'

'Zingen met een bandje...'

'Een voorstelling met kunstjes...'

Het ene na het andere idee vliegt door de schuur. Maar ze vinden niets leuk genoeg.

'Wacht, ik weet wat...' roept Marije opeens. 'We houden een soort zeskamp met spelletjes. Je mag met een groepje meedoen. In dat groepje moeten volwassenen en kinderen zitten. Iedereen die meedoet betaalt bijvoorbeeld een euro. Het mag natuurlijk ook meer zijn. Als er vijfendertig mensen meedoen, hebben we al genoeg geld.'

'Dat heb je snel uitgerekend, zus,' zegt Pieter.

'Klier!'

Marije duikt voorover en geeft haar broer een flinke stomp.

'Maar ik hoop dat er veel meer meedoen,' roept Pieter, terwijl hij gauw ergens anders gaat zitten. 'Wel drie keer zoveel! En dat ze ook drie keer zoveel betalen.'

'Dat is je geraden,' bromt Marije.

'Ik vind het leuk,' zegt Anouk.

'Ik ook,' zegt Jurgen. 'Maar nu komt het... Wat vind jij ervan, Koosje?'

11. Voor het goede doel

'Stoer!'
Koosje kijkt blij de kring rond.
'Oké, jongens. Mevrouw Koosje heeft haar
toestemming gegeven,' zegt Jurgen met een
deftige stem. 'We gaan beginnen.'
Pieter trommelt een paar keer hard met zijn
vuisten op de tafel. 'Aanvallen!'
'Eens kijken. Wat hebben we nodig?' Jurgen wrijft
nadenkend over zijn kin.
'Folders. Want iedereen moet het weten. Marije
en Anouk, kunnen jullie die maken? Pieter en ik
beginnen met het bedenken van spelletjes. Ik wil
veel spelletjes met water. Kunnen we lekker nat
worden. Koosje en Marka, voor de spelletjes
hebben we spullen nodig. Die kunnen jullie bij
elkaar zoeken. Wat nog meer? Doen we ook aan
prijsjes?'
'Tuurlijk,' roept Pieter. 'Anders doe ik niet mee.'
'Jij kunt helemaal niet meedoen, jochie,' houdt
Marije haar broer voor. 'Jij moet kijken of alles
eerlijk gaat. Kun je dat wel?'
Er komt een lange tong uit de mond van Pieter.
'Dat is een duidelijk antwoord,' lacht Anouk.

Een uur later is iedereen druk aan de gang.
Marije en Anouk hebben tekenpapier uit de tent
gehaald. En stiften, pennen en lijm. Ze plakken
een paar vellen aan elkaar en beginnen gelijk te
tekenen.
'Zal ik kleine folders maken? Dan breng ik die bij
elke tent,' zegt Koosje.
'Puik idee, Koos,' zegt Marije. 'Weet je wat er op
moet staan?'
'Dat bedenk ik wel,' zegt Koosje. Ze pakt wat
vellen papier en begint gelijk te schrijven.
'Dat is leuk,' zegt Marije een kwartier later. Ze
bekijkt het fleurige blaadje. Aan de rand van het

Voor het goede doel – Red de zeehonden.
Vrijdagmiddag grote zeskamp.
Aanmelden per team bij Jurgen
van tent 8.
Lees ook de folder bij het washok.

blad heeft Koosje allemaal zeehondjes en vissen getekend.

'Maar je moet er wel vijftien hebben. Misschien kun je er beter een kopie van maken.'

'Nee hoor, Marka helpt,' zegt Koosje.

Marka knikt. Op deze manier is geld verdienen voor de zeehonden best leuk.

'Hoeveel spelletjes moeten we eigenlijk bedenken?' vraagt Jurgen. 'We hebben er nu vijf.'

'Een stuk of acht,' zegt Anouk. 'We moeten niet te snel klaar zijn.'

'Waarom geen zes?' stelt Pieter voor. 'Het heet niet voor niets zeskamp. Dan hoeven we nog maar één spel te bedenken.'

'Daar heb je Pieter weer,' zucht Marije. 'Een zeskamp kan ook acht spelletjes hebben. Of tien. Het gaat om de naam.'

'Maar bij elk spelletje moet iemand staan. Als je dat maar weet, zusje. Ik kan mezelf niet in vier stukjes verdelen.'

Koosje vergeet helemaal te schrijven. Ze luistert naar Pieter en Marije. Het lijkt of ze steeds ruzie hebben, maar ook weer niet.

Het is op deze camping eigenlijk leuker dan in Drenthe. Ze weet niet hoe ze het zeggen moet. Doordat het zo klein is, speelt iedereen met elkaar. Of je nu acht bent of twaalf. Het maakt niet uit.

'Ik ben het met Pieter eens,' zegt Jurgen. 'We verzinnen zes spelletjes. Maar ze moeten wel een beetje lang duren. Wat vinden jullie van deze...?' Jurgen beschrijft een spelletje met planken. 'Op de planken zijn bandjes vastgemaakt. Daar kun je je voeten onder steken. Daarna moet je met vier man een stuk lopen. Als je goed in de maat loopt, gaat het heel snel.'

'Leuk,' zegt Anouk. 'Dat heb ik wel eens vaker gedaan. Maar kunnen de kleintjes daar wel aan meedoen? Zij hebben nog niet van die lange benen.'

Jurgen knikt.

'Ik denk het wel. Dan neemt iedereen gewoon kleine stappen.'

'Hé, zit je hier? Ik kon je niet vinden. Het is al bijna negen uur.'

De moeder van Koosje komt de schuur in. 'Is het gezellig?'

'Mam, hoor eens!' Koosje springt overeind. 'We gaan een zeskamp houden. Voor de zeehonden. Dan kunnen de verzorgers vis kopen.'

De moeder van Koosje kijkt verwonderd rond.

'Een zeskamp? Met wie?'

'Met ons!' roept Pieter. 'Wij helpen Koosje. Jurgen en ik verzinnen de spelletjes. Anouk en

Marije maken de folders. En Koosje en Marka
zoeken de spullen bij elkaar...'
'Zo!' zegt mama verbaasd. 'Hebben jullie dat zelf
bedacht?'
'Nee,' antwoordt Anouk. 'Het is Koosjes idee.'
'Echt waar?' vraagt mama.
Koosje knikt. Ze kijkt mama trots aan.
'Je bent super!' zegt mama. 'Als ik moet helpen,
zeg je het maar. Ik kom je eigenlijk halen... Maar
als ik het zo bekijk, wil je vast nog een poosje
blijven.'
Koosje knikt weer.
'Goed,' zegt mama. 'Papa en ik lopen nog een
stukje over het strand. Over een uurtje kom ik
nog weleens langs. Veel succes allemaal!'

12. De zeskamp

Het is vrijdagmorgen. Ze zitten met elkaar in de
schuur achter de boerderij. Nog een paar uurtjes.
Dan gaat de zeskamp beginnen.
Koosje kijkt de kring rond. Ze voelt een paar
bibbers in haar buik. Zal het allemaal lukken?
'Er hebben zich al twaalf teams opgegeven,' zegt
ze een beetje zenuwachtig. 'Ik ben zo benieuwd
hoeveel iedereen betaalt. Ik hoop dat er veel
mensen zijn die meer dan een euro geven.'
'Vast wel,' zegt Jurgen. 'Het is toch voor het
goede doel? Wie houdt er nu niet van
zeehondjes?'
'Zijn twaalf teams niet een beetje veel?' vraagt
Anouk bezorgd.
'Welnee,' roept Jurgen. 'Dat komt prima uit. Er
moeten steeds twee teams tegen elkaar. En we
hebben zes spellen. Hoe zit het met de spullen?
Alles klaar?'
Anouk en Marije knikken. Koosje en Marka
knikken ook. Wat hebben ze de afgelopen dagen
lopen sjouwen. Met planken en touwen. Met
dienbladen en bekers. Met kruiwagens en ballen.
En als er iets niet lukte? Dan was er vaak wel een

vader of moeder in de buurt. Die wilden maar al
te graag helpen.

'Kom mee. We gaan de spullen klaarzetten.'
Marije heeft een lijst in haar hand. Daar staat op
wat er voor elk spel nodig is. In een hoek van de
schuur hebben ze gisteren alles al klaargezet.
De vader van Marka heeft twee kruiwagens
gebracht. Die hebben ze nodig voor een spel.
Maar daarmee kunnen ze ook de spullen naar het
speelveld brengen.
Even later lopen Jurgen en Pieter stoer achter de
kruiwagens over de camping.
'Mogen we helpen?' roepen een paar kinderen.
Ze hollen achter de beide jongens aan.
'Nee,' zegt Pieter. 'We willen geen pottenkijkers.
Vanmiddag mogen jullie allemaal meedoen.'
'Komen, hoor!' roept Jurgen hen nog na.
'Het is wel warm,' zegt Marije. Ze kijkt naar de
strakblauwe lucht.
'Kunnen we lekker met water knoeien,' zegt
Anouk. 'We hebben drie spelletjes waar we water
bij nodig hebben. Koosje en Marka, willen jullie
deze flessen vast vullen?'

Om twee uur staat iedereen klaar. Het lijkt wel of
de hele camping meedoet. Veel vader en moeders

hebben sportkleren aan. Het staat heel stoer.
Jurgen legt de spelletjes uit en dan kan het feest
beginnen.
En het wordt een feest! Alle groepen strijden
fanatiek tegen elkaar. Iedereen wil graag winnen.
De spelleiding heeft het druk. Maar gelukkig
wordt er eerlijk gespeeld. Al zijn sommige vaders

en moeders soms heel royaal met het water.
Aan het eind van de middag loopt bijna iedereen
met een nat shirt rond. En met een lachend
gezicht.
Om vijf uur is de zeskamp voorbij. Op het
speelveld staan nu allemaal stoeltjes. Iedereen zit
gezellig bij elkaar.
'Het was geweldig!' zegt de vader van Koosje.
'Dat hebben jullie fantastisch gedaan!'
Jurgen en Marije hebben vuurrode hoofden. Ze
zijn er trots op dat het zo goed gegaan is.
'Kom jongens,' roepen ze naar de anderen. 'We
moeten nog uitrekenen hoeveel geld we hebben.
En wie er gewonnen heeft.'
Met handen vol blaadjes lopen ze naar de schuur.
Koosje draagt het bakje met geld. Er zitten heel
veel munten in. Maar ook een paar briefjes.
'Pfff, wat is het hier lekker koel,' stelt Marka vast.
'Zal ik aan mijn moeder vragen of we een ijsje
mogen?'
Marka verdwijnt gelijk naar de boerderij. De
anderen ploffen op de banken neer.
Koosje schudt het bakje met geld op de tafel
leeg.
'Tellen, Koos,' zegt Jurgen. 'Het was jouw idee.'
'Help je mee?' vraagt Koosje aan Marije. Samen
tellen is veel leuker.

Even later liggen er allemaal rijtjes munten op de tafel. In rijtjes van tien. 'Dat telt makkelijker,' zegt Marije.

'Tien, twintig, veertig, zestig, zeventig,' telt Koosje.

'Deze erbij is negentig,' vult Marije aan. 'En nog vijftien euro aan papiergeld... Dat is samen honderdenvijf euro!'

Het is even heel stil in de schuur.

'Wauw!' zegt Koosje dan zacht. 'Meer dan honderd euro!'

'Daar kan een zeehond vijftien dagen vis van eten,' juicht Anouk. 'Wat veel!'

Ze kijken allemaal vol ontzag naar het geld. Dit hadden ze niet gedacht.

'Moeten we de spelletjes nog wel uitrekenen?' vraagt Pieter zuchtend. 'Dat kost zoveel tijd. We weten al hoeveel geld we hebben. Daar ging het toch om...'

'Nee, dat kun je niet maken,' zegt Marije. 'De mensen hebben ook voor de spelletjes meegedaan. Kom Pieter, je zult die rekencellen van jou aan het werk moeten zetten.'

'Maar ik heb vakantie...' steunt Pieter.

'Niets mee te maken,' zegt Marije streng. 'Hier, begin maar.'

Ze duwt Pieter een paar blaadjes in de handen.
'En denk erom. Eerlijk!'

'We zijn eruit,' zegt Jurgen. Hij legt de blaadjes
op tafel. 'Team negen heeft gewonnen. Wie gaat
de taart halen? Hij staat in de koelkast bij Hilde.'
De moeder van Marka vond het idee van de
zeskamp heel leuk. 'Ik koop een lekkere taart,'
had ze gezegd. 'Voor de winnaars.'
'Ik vind dat Koosje de prijs mag geven,' zegt
Marije. 'Het was haar idee. Mee eens?'
Iedereen knikt.
Even later lopen ze met z'n zessen terug naar het
veld. Koosje loopt in het midden. Ze draagt een
grote witte doos.
'We hadden beter een ijstaart kunnen geven,'
fluistert Pieter.
Marije kijkt hem even donker aan.
'Jij ook altijd,' bromt ze.
Op het speelveld staat een laag trapje. Daar gaat
Koosje op staan.
'We hebben honderdenvijf euro opgehaald. Ik...
ik... ben heel blij met het geld voor de
zeehondjes. Allemaal heel erg bedankt. En... en
de prijs is voor team negen.'
Koosje reikt de prijs uit.
Team negen is heel blij met de slagroomtaart. Ze

pakken gelijk een mes om hem aan te snijden.
'Een applaus voor Koosje,' roept de moeder van
Pieter. 'Zonder haar hadden we niet zo'n leuke
middag gehad.'
'Hiep, hiep, hoera voor Koosje! En voor de
zeehonden,' roept iedereen.
Koosje staat nog steeds boven op het trapje.
Haar wangen worden rood. Ze voelt zich blij. Blij
om de zeskamp. Maar vooral blij om de
zeehondjes.

'Zeg, Koosje,' klinkt opeens een stem. 'Ik zie dat
je nog helemaal droog bent. Dat kan niet!'
Lachend houdt de vader van Jurgen een fles
water boven Koosjes hoofd.
En dan begint er een heel groot watergevecht...

13. Terug naar zee

Het is herfst. De bomen hebben al veel bladeren
laten vallen. De wind wordt steeds kouder. De
school is allang weer begonnen. En de vakantie
op Texel lijkt al superlang geleden.

Koosje heeft op school een spreekbeurt over
zeehonden gehouden. Ze heeft over haar zieke
zeehond verteld. En foto's laten zien. Op het
laatst heeft ze ook over de zeskamp verteld.

Maar ook dat ze meer dan honderd euro hebben
opgehaald... Dat betekent vijftien dagen vis voor
een zeehond.

Ze heeft de nieuwsbrief van Ecomare laten zien.
Die krijgt ze nu elke maand over de mail
gestuurd. Daarin heeft zelfs een stukje over haar
zeehond gestaan. En dat ze mee mag als Koos
terug wordt gebracht naar zee.

De kinderen uit haar klas waren wel een beetje
jaloers geweest. Zulke dingen meemaken in je
vakantie is echt leuk.

Ze heeft het natuurlijk ook aan oma Booma
verteld.

Oma had in haar handen geklapt van verbazing.
'Wat knap! Ik ben trots op je!'

En ze had twee heel dikke zoenen op haar
wangen gekregen.

'Komen we op tijd?'
'Natuurlijk,' zegt papa. 'Die boot op Texel wacht
heus wel op ons. We moeten eerst zorgen dat we
de veerboot in Den Helder halen.'
Koosje en haar vader en moeder rijden weer naar
Texel. Nu niet voor een vakantie. Nu voor één
dag. Vandaag zal Koos worden teruggebracht
naar zee.
'Ik vind het zó spannend,' zucht Koosje. Ze
denkt aan haar zeehondje. Hoe groot zou hij nu
zijn? Zou hij haar nog kennen? In de vakantie is
ze nog wel een paar keer bij hem geweest. Toen
kon je al zien dat het beter met hem ging.

Om elf uur rijdt papa de kade van Oudeschild
op. Daar ligt de boot die de zeehonden terug zal
brengen. De bus van Ecomare komt ook net
aanrijden.
Salko stapt als eerste uit de auto. Hij doet de
schuifdeur van de auto open en haalt er vier
kisten uit.
'Zo,' zegt hij. 'Deze gasten mogen weer terug
naar zee. Ze zijn nu zo groot en sterk dat ze voor
zichzelf kunnen zorgen.'

Samen met een andere verzorger tilt Salko de
kisten op de boot. Daarna mogen de mensen aan
boord. De kist met Koos staat aan de zijkant.
Koosje gaat op de grond naast de kist zitten. Ze
kijkt door de opening van gaas.
Koos ligt stil op de bodem van de kist. Zou hij in
de gaten hebben dat het een belangrijke dag is?
Dat hij weer terug mag naar zee...

De schipper start de motor. Even later vaart de
boot de haven uit. Het waait behoorlijk. Koosje
kruipt dicht tegen mama aan. Het slingeren van
de boot geeft een raar gevoel in haar buik.
Na een halfuur varen neemt de schipper gas
terug. Hij vaart langzaam in de richting van een
zandplaat. Daar mag iedereen eruit. Ze moeten
een klein stukje door het water lopen. Dan staan
ze op een grote zandvlakte. Midden in de zee.
Salko en de andere oppasser nemen de kisten
mee. Ze zetten ze vlak bij de waterkant neer.
'Kom maar, Koosje,' roept Salko. 'Jij mag de deur
bij Koos openmaken. Hij is een beetje jouw
zeehond.'
Koosje loopt snel naar de kist. Papa heeft zijn
camera al klaar. Hij heeft gezegd heel veel foto's
te zullen maken. Voor school. Maar ook voor de
kinderen van de camping. Ze heeft al zoveel

mailtjes gekregen. Iedereen is reuze benieuwd hoe het met Koos gaat. Papa heeft beloofd de foto's vanavond al via internet te versturen.

'Allemaal klaar?' zegt Salko. 'Open maar!'

Koosje kijkt nog een keer door het gaas naar binnen. Dan trekt ze de schuif los. Koos steekt zijn kop nieuwsgierig naar buiten. Voorzichtig schuifelt hij de kist uit.

'Ga maar,' zegt Koosje zacht. 'Ga maar naar het water. Daar zijn je vriendjes...'

Koos schuifelt door. Koosje kijkt hem na. Het is net of ze een paar tranen in haar ogen voelt. Of zou dat door de wind komen?

Vlak bij het water kijkt Koos opeens nog een keer
om. Hij tilt zijn kop hoog op. Dan zwaait hij een
paar keer met zijn kop heen en weer. Het is net of
hij zo afscheid wil nemen. Van Ecomare, van de
verzorgers en van haar.
Koosje slikt. Nu gaat hij echt weg...
Snel steekt ze allebei haar armen in de lucht.
Uitbundig zwaait ze de zeehond na. Tot hij in de
golven verdwijnt. Mama komt naast haar staan.
Ze slaat een arm om haar heen.
'Wat denk je?' zegt ze zacht. 'Zullen we volgend
jaar weer naar Texel gaan?'